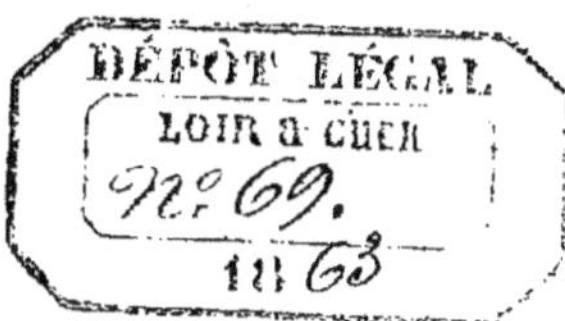

VIE

DE

SAINT VICTOR

ÉVÊQUE DU MANS

Patron de la Paroisse de la Chaussée-Saint-Victor

PRÈS BLOIS

RÉDIGÉE SUR DEUX MANUSCRITS DU XIVᵉ SIÈCLE

NOUVELLEMENT DÉCOUVERTS

Appartenant aux Archives départementales de Loir-et-Cher

ET SUR D'AUTRES DOCUMENTS.

BLOIS

CHEZ LES LIBRAIRES.

—

MDCCCLXIII

1863

VIE

DE

SAINT VICTOR

ÉVÊQUE DU MANS.

Ni la hauteur de la condition, ni la grandeur et la dignité des emplois, ni l'immensité des richesses, ni l'éclat et l'illustration de la vie, ne rendent grand et saint aux yeux de Dieu (1). Que sont, en effet, toutes les pompes et les gloires de la terre pour Celui.devant qui l'univers entier n'est que néant et poussière, qui donne et retire, élève et abaisse à sa volonté, et auprès de l'éternité duquel la suite infinie des siècles occupe moins de place qu'une goutte d'eau dans le vaste bassin des mers? En face de cette puissance absolue et sans limites, l'homme

(1) Apud superum Judicem non quantitas muneris, nec persona potentis appenditur, sed quantitas devotionis et humilitas cordis (*Rab. Maur. Comm. in Ecclesiast.*, viii, 5).

pourrait-il s'enorgueillir de quelques avantages périssables qu'il tient de la naissance ou de la fortune, et que Dieu ne lui a peut-être permis que pour l'éprouver ? « Heureux, a dit la parole divine, heureux les cœurs simples et miséricordieux ; heureux les cœurs sincères et bons ; heureux ceux qui savent pardonner, ceux qui souffrent et pleurent ! à eux appartient le royaume des cieux, la vue de Dieu dont ils seront appelés les fils (1). »

Le vénérable solitaire dont je vais rapporter la vie se montra toujours pénétré de cette salutaire doctrine. Issu d'une famille militaire dans un temps où la pratique des armes donnait les honneurs et la fortune, il n'aima dès son enfance que le service de Dieu, que la retraite, la pauvreté, l'exercice des vertus simples et modestes. Quand, plus tard, sa réputation de sainteté l'eut fait élever malgré lui à une des plus hautes dignités de l'Eglise, il en garda

(1) Beati pauperes spiritu... Beati mites.. Beati mundo corde .. Beati misericordes... Beati qui lugent... Quoniam ipsorum est Regnum Cœlorum... Deum videbunt... Filii Dei vocabuntur. (*Math , Cap.* v, *vers. 4 et seqq*).

peu le saint, mais dangereux fardeau, et re-
tourna avec empressement, pour ne la plus quit-
ter, à l'humble demeure qu'il s'était choisie dans
la simplicité de son cœur, et dont les pompes
de l'Episcopat lui avaient mieux fait connaître
le prix. Sa vie tient peu de place dans l'histoire ;
l'histoire n'y a guère rien trouvé qu'elle ait
daigné conserver, pas même son nom dans
le catalogue des Evêques du Mans, quoiqu'il ait
gouverné ce diocèse. Ce qu'elle enregistre et
transmet d'âge en âge avec le plus d'amour,
ce sont les actions des conquérants, des des-
tructeurs de nations, des renverseurs de villes ;
la mémoire des saintes et obscures vertus de
Victor n'existe plus que dans quelques courtes
légendes, et dans les pieuses traditions des fils
de ceux qu'il a jadis évangélisés. Mais que
sont les gloires fugitives de ce monde près de
la gloire éternelle que Dieu a promise à ceux
qui le servent avec sincérité et humilité ? Et
ce culte d'affection et de respect, dont la recon-
naissance publique entoure depuis tant de siècles le nom chéri du pieux solitaire, ne vaut-il
pas mieux que les souvenirs de deuil et de

larmes qui accompagnent la plupart des grands noms de l'histoire ?

Vers la fin du v⁰ siècle de l'ère chrétienne, à cette époque de désastres et de ruines où la main de Dieu s'appesantissait plus lourde sur l'Empire Romain et le livrait en proie aux Barbares, le côteau et la plaine qui s'étendent au-dessus de Blois sur la rive droite de la Loire et que couvrent aujourd'hui de riches cultures et de riants villages, étaient encore occupés par une vaste forêt qui venait jusqu'aux portes de la ville, et que, à cause de sa disposition, on appelait la Forêt-Longue (1). Quelques cabanes habitées par de pauvres cultivateurs se voyaient çà et là sur le sommet du côteau dont la Loire venait quelque fois battre le pied. Le vallon, à présent gracieuse prairie, était presque partout, à l'exception de quelques points plus élevés, un marais où croissaient les

(1) *Silva longa*. En français du moyen-âge : *Silve longne*. La forêt de Marchenoir en est le reste le plus important.

saules et les roseaux. Ce fut dans ce lieu sau-
vage et presque désert que vint se soustraire au
monde et se placer plus près de Dieu un jeune
homme de noble race du nom de Victor (1).
C'était notre solitaire. On ne savait pas, on
ignore encore sa patrie. Son père était un
homme d'armes, appelé Teobaldus, d'origine
barbare, comme l'indique son nom : sa mère
portait le doux nom de Jeanne, et appartenait à
la race Gallo-Romaine (2). Victor avait puisé
dans son sein et sucé avec son lait l'amour du
Dieu des Chrétiens et de l'humilité, le dégoût
des biens de la terre plus que jamais fragiles en
ces temps malheureux, l'horreur des violen-
ces dont les provinces de l'Empire étaient alors
le triste théâtre. Il se construisit une cabane à
trois quarts de lieue au-dessus de Blois (3),

(1) Nominé Victoris, nobilis genere...... Qui cùm
juvenis esset, mundum contempsit. (*Hist. Guidon. ms.*
part. 1ª, cap. 73). — Ce fragment de l'*Histoire de Guido
Miles* est aux Archives départementales de Loir-et-Cher.

(2) Hujus pater miles Teobaldus nomine, Johanna
vero mater nuncupata est. (*Ibid.*)

(3) Super Blesense Castrum horatorium construxit
(*Ibid.*)

près de l'endroit où coule le ruisseau de Macé,
sur un de ces points élevés de la vallée que
n'atteignaient que rarement les eaux de la
Loire, quand le fleuve, que ne comprimait
aucun obstacle factice, était maître de se répandre librement entre les deux côteaux, ses
digues naturelles.

Il avait défriché de ses mains un petit mor-
ceau de terre qu'il cultivait lui-même, et dont
les produits, quelques fruits et quelques légumes, suffisaient à ses besoins. En dehors de
ces soins matériels, sa vie était consacrée sans
relâche à des exercices pieux (1), à l'étude et à
la méditation des livres saints, à l'instruction
des rares habitants de son voisinage. Son cœur
et son âme, purs de tout sentiment terrestre,
et, jour et nuit, tendus vers Dieu, n'avaient de
pensées et d'amour que pour les choses du Ciel.

Mais, de quelque passion qu'il brûlât pour la
solitude et l'oubli, tant de saintes vertus ne
pouvaient demeurer longtemps ignorées, et de
nombreux miracles, répétés de bouche en bou-

(1) Devote Deo serviens (*ibid.*).

che, vinrent trahir le secret de Victor, et montrer dans quelle estime étaient ses prières auprès de Dieu (1). Le souvenir de ses miracles se conserva longtemps, mais son éloignement du monde et sa vie de retraite ayant laissé à la tradition seule le soin de le perpétuer, les circonstances en devinrent peu à peu vagues et obscures, et les populations, toujours confiantes dans les mérites du saint, et élevées dans l'admiration et le respect de ses actions merveilleuses, ne surent plus en rapporter que quelques-unes. L'auteur de sa légende a dit de lui : « Sa sainteté est attestée par « l'autorité de nos pères, par le respect des « générations qui se sont succédé dans le pays, « par la célébrité du lieu qu'il a habité, par « les fréquents miracles qui s'y sont produits « de notre temps et auparavant. Que si on a « négligé de les consigner par écrit, les mé- « rites de Victor ne nous permettent pas d'en « douter (2). »

(1) Maximis miraculis claruit (*ibid.*).

(2) Cujus scilicet sanctitati approbatur Patrum auctoritas et veneratio successive à Patribus loco exhibita, et

Un de ces miracles a été conservé avec ses détails par la légende et par un des bas-reliefs de la châsse du saint.

« Un bateau, chargé de marchandises, remontait la Loire et naviguait devant le lieu où saint Victor s'était construit un ermitage. La vie et les miracles du saint, devenus célèbres, étaient le sujet de la conversation du patron et des mariniers de la barque. Or, un de ces derniers, homme impudent et grossier, se mit à calomnier le solitaire, ne craignant pas d'affirmer qu'il menait une vie impudique et avait une concubine avec lui, et comme ce détestable propos soulevait l'indignation de tous, il osa le confirmer et en ajouter de nouveaux. Mais il ne tarda pas à éprouver que Dieu ne laisse pas impunis de semblables outrages à

crebra miracula, etc. (*Offic. manusc. de saint Victor*, lect. III. — Archives départementales de Loir-et-Cher.)
On trouve l'expression d'un semblable regret dans le *Recueil des miracles de saint Eutropius*, de Saintes :
Quoram (miraculorum) plurima indiscreta quorumdam humilitas occultavit, pluriora vero per negligentiam oblivio abolevit (*Miracul. saint Eutrop., ap. Bolland* , III. april, p. 736).

ses saints. En effet, la navigation, qui s'était faite heureusement jusqu'au lieu appelé les Braies de Saint Ayacus (1), fût subitement troublée par une violente tempête, et le calomniateur, pendant que chacun s'empressait aux agrès pour combattre le danger, tomba dans un des abîmes de la Loire, entraîné par le Diable à qui son crime avait donné puissance sur lui. Il allait périr.

« Chose surprenante et merveilleuse ! dit la
« légende, il sembla au naufragé que, pendant
« que le démon cherchait à l'étouffer, saint
« Victor lui était venu en aide, et, ayant adressé
« une sévère réprimande au prince des té-
« nèbres, l'avait arraché de ses mains, et con-
« duit sous l'eau jusqu'au port qui a reçu le

(1) Braccac S. Ayaci (Lect. IV). Le nom de « Braccac S. Ayaci. » donné par la Légende au lieu qu'on appelle maintenant « les Braies de Saint Victor » et celui de saint Ayacus, qu'on ne trouve dans aucun Martyrologe, donnent lieu de supposer, avec quelque raison, que ce saint Ayacus est un saint local, obscur, et maintenant inconnu, qui avait, à une époque qu'on ne peut préciser, précédé saint Victor dans la vallée de la Loire, et laissé son nom aux Braies, — *Braca*, *Bracca*, môle, digue, levée, (*Cang., Gloss.*).

« nom du saint. Là, des matelots l'ayant trouvé
« et lui demandant où il était (1), il se mit
« à glorifier les grandes œuvres de Dieu, et se
« répandant en louanges du saint, fit accourir
« tout le voisinage aux bruyants éclats de sa
« joie. Conduit ensuite à la retraite de l'homme
« de Dieu, comme il confessait publiquement
« devant tout le monde ce qui lui était arrivé,
« l'homme de Dieu ne croyant pas, dans sa
« simplicité et sa modestie, qu'il eût un pareil
« pouvoir, lui répondit humblement :

« *Mon frère, le Seigneur qui ne veut pas*
« *la mort du pécheur, mais bien plutôt qu'il*
« *se convertisse et qu'il vive, ne manque ja-*
« *mais de venir en aide à ceux qui se re-*
« *pentent. Si vous avez péché, ne vous mettez*
« *pas en peine, car, je vous le dis, les anges*
« *ont plus de joie pour un seul pécheur qui fait*
« *pénitence, que pour quatre-vingt-dix-neuf*
« *justes qui n'en ont pas besoin.* Pendant
« que, par ce discours et d'autres semblables,
« l'homme de Dieu disposait le naufragé et

(1) Cum inquisissent ubi esset (Off. *de saint Victor,*
lect. v).

« les autres à la pénitence, survint le maître
« du bateau qui avait échappé au péril, et
« avait fait depuis deux jours rechercher son
« serviteur tombé dans le fleuve. En entendant
« le récit de ce miracle, il se mit avec les
« autres à louer le Seigneur, glorieux dans les
« mérites du bienheureux pontife Victor (1). »

Pendant que le nom du Saint se répandait
plus loin chaque jour, accompagné du bruit
de sa vie de miracles et de vertus, l'Eglise du
Mans avait perdu son premier pasteur Alanus.
On était alors à cette période agitée de notre
histoire où les Etats de Clodomir, dont le Mans
faisait partie, échus, par la mort de ce prince,
à ses enfants en bas âge, excitaient les con-
voitises de leurs oncles, Childebert et Clotaire.
Aux troubles qui avaient nécessairement suivi
l'établissement de Clovis dans le petit royaume
du Mans, venaient se joindre ceux que sus-
citaient les menées ambitieuses des deux frères
de Clodomir, également préoccupés de la
double pensée, et de dépouiller leurs neveux,

(1) *Office de saint Victor*, lect. v, vi, vii)

et de s'exclure l'un l'autre du partage de leurs dépouilles. L'Evêque du Mans, Principius, mort vers 513, après un long règne, avait eu pour successeurs Severianus et Alanus, qui n'avaient probablement fait qu'un court séjour sur le trône épiscopal, puisque, eux aussi, il ont été omis au catalogue des Evêques du Mans. Ce fut sur le saint ermite Victor que les fidèles de cette Eglise jetèrent les yeux pour remplacer Alanus. Le clergé et le peuple, d'un commun accord, l'élurent pour la gouverner ; des envoyés furent solennellement dirigés vers lui, chargés de lui faire connaître le vœu du diocèse. Qui pourrait dire sa surprise en apprenant qu'il était connu si loin, lui qui avait mis tous ses efforts à se laisser ignorer ! Sa profonde humilité lui fit longtemps répéter qu'il n'était pas digne de cette haute fonction. Mais enfin, les instances des envoyés triomphèrent de sa répugnance ; il céda, craignant, en résistant davantage, de contrevenir à l'ordre de Dieu et de méconnaître un devoir. Ce fut un immense sacrifice. Il se sentait peu propre aux nécessités de ce temps de troubles, d'intrigues et de dangers, où l'amour du bien suffisait si rarement pour l'opérer, et où trop souvent les Evêques étaient contraints à descendre des hauteurs spirituelles de leur ministère sacré pour se mêler aux affaires et aux débats de la politique.

Victor se vit décoré des ornements pontificaux et comblé d'honneurs; on le conduisit dans sa ville épiscopale où mille démonstrations de joie l'accueillirent. « Vive Victor, « criait-on de toutes parts ; vive le Pontife de « la ville : qu'il soit notre protecteur et notre « père : que sa main sacrée nous défende et « nous sauve (1)! » Car un Evêque n'était pas alors seulement le chef spirituel de son diocèse; il était encore, la plupart du temps, le défenseur des intérêts matériels de son Église et des populations, souvent le juge de leurs contestations ; quelquefois l'homme de guerre obligé de s'occuper de la défense armée des villes contre les bandes qui infestaient les campagnes, ou contre les partis qui se dispu-

(1) Cf. *Bolland*, t. v. *August*. p. 147 n° 18.

taient le pays que ne protégeait aucune admi-
nistration publique.

Pendant son épiscopat, saint Victor assista,
au commencement du carême, à une messe que
célébra, dans l'Eglise d'Angers, saint Melanius,
Evêque de Rennes, et à laquelle assistèrent
aussi les Evêques saint Albinus, saint Launus,
et saint Marsus. Quand la messe fut achevée, et
comme ils étaient sur le point de se séparer,
saint Mélanius distribua à chacun d'eux, en
signe de charité, des eulogies (1) qu'il avait
bénites. Mais saint Marsus, préférant le jeûne
de ce jour à la charité, ne mangea point son
eulogie et la laissa tomber dans sa poitrine.

S'étant tous réciproquement donné le baiser
d'adieu, chacun se mit en route pour retourner
dans son diocèse. Ils n'étaient pas à plus de
dix milles (2) d'Angers, que, par un miracle
effrayant, saint Marsus sentit que son eulogie,
transformée en serpent, l'étreignait dans ses

(1) L'eulogie était un pain bénit et non consacré dont
communiaient les fidèles qui, par un motif quelconque,
n'avaient pas pu prendre part à la sainte Eucharistie.

(2) 3 lieues 3/4 environ.

replis. Il reconnut alors sa faute et courut en demander le pardon à ses saints collègues. Saint Victor lui dit : « Mon frère, retournez auprès du très-saint Evêque le seigneur Melanius : j'ai la confiance que vous serez délivré par ses mérites et son intercession. » Marsus revint à demi mort auprès de Melanius, et le trouva à Placium (1), priant dans une basilique qu'il y avait construite de ses propres mains. Il lui raconta les fatigues de son voyage et ce que lui avait dit saint Victor : « qu'il ne pouvait être délivré par aucun autre que celui par le mérite duquel il avait été lié, c'est-à-dire par saint Melanius lui-même. » Ce que celui-ci ayant entendu, il passa toute la nuit prosterné dans la veille et dans la prière (2), et le lendemain répandit sur Marsus son absolution et sa bénédiction. « Après cette absolution » dit l'historien contemporain de saint Melanius, .

(1) Aujourd'hui Ploemelen (Morbihan) suivant Bolland. t. 1. Januar, n° 329.

D. Piolin donne à ce lieu le nom de Platz (Cf. hist. de l'Egl. du Mans, 1, 148).

(2) Pro eo vigilando et orando (Vit. S. Melan. ap. Boll. t. 1 Januar, p. 331).

qui nous a conservé le récit de cet événement mervcilleux, « le serpent reprit bientôt la forme « primitive de l'eulogie, et le bienheureux, « plein de joie, la consomma, ce que, à son « grand dommage, il avait précédemment dé-« daigné de faire (1). »

Lorsque la fin de saint Melianus fut prochaine, les mêmes Evêques en furent avertis par des anges, et se réunirent à Placium, où il avait cessé de vivre, pour faire ses obsèques. Quand la cérémonie fut terminée, ils placèrent le corps du saint homme dans une barque qui se trouvait sur la Vilaine. Le corps étant descendu dans la barque, accompagné des Evêques, des clercs et des moines qui chantaient des litanies et rendaient grâces à Dieu pour la gloire de Melanius, il arriva que, par un mouvement de conversion, la rivière, dirigeant sa marche en sens contraire, conduisit le corps jusqu'à la ville de Rennes où les Evêques l'inhumèrent avec respect dans le lieu que le saint s'était lui-même choisi (2).

(1) Cf. Bolland in vita S. Melan., 21, 22, 30.
(2) Cf. Bolland, 32, 33.

Victor se fatigua bientôt de la pompe et du luxe qui l'entouraient, « voyant, dit son biographe,
« que les grands lui étaient soumis, à lui qui
« naguère s'humiliait devant tout le monde,
« que les mets se succédaient abondamment
« sur sa table, tandis qu'aux plus grands jours
« de fête il s'était toujours contenté d'un petit
« plat de légumes, que les pompes du siècle
« l'entouraient sans cesse, lui qui avait été
« nourri dans la solitude, craignant de se lais-
« ser enfler par les vanités du monde et séduire
« par les douceurs de la table, de perdre son
« humilité dans de pompeuses assemblées, il
« s'y déroba en secret, n'ayant que Dieu pour
« témoin, et regagna sa solitude (1). »

De retour, enfin, dans son cher ermitage, délivré des grandeurs importunes de l'épiscopat et des devoirs de ce redoutable ministère, loin du bruit incessant qu'il croyait encore entendre bourdonner à ses oreilles, il s'appliqua, sans relâche, aux pieuses occupations vers lesquelles l'attiraient ses pensées et ses vœux : les

____

(1) Teste Deo, solus ad solitudinem repedavit (*Off. de saint Victor*, lect. VII).

veilles, le jeûne, la prière ; à de saints et mys-
tiques entretiens avec Dieu tant que duraient
les jours et les nuits. « Et, par ces exercices,
« faisant violence au Ciel, dit le manuscrit,
« après de nombreux travaux et des tortures vo-
« lontaires, il rendit son âme à son Créateur,
« et voulut que le lieu qu'il avait tant aimé de
« son vivant, conservât après sa mort le dépôt
« précieux de ses dernières dépouilles (1), »
lui laissant, en outre, à toujours, le plus riche
des trésors : le souvenir et l'exemple de sa
sainteté et de ses vertus.

Le dernier désir du saint ermite fut accom-
pli. Son corps, épuisé par les jeûnes et les ma-
cérations, fut déposé par les pieux habitants de
son voisinage dans le lieu même où il avait
vécu, et une modeste chapelle s'éleva sur son
tombeau. On dit que de nombreux miracles
n'ont cessé d'attester de plus en plus sa sainteté; on a négligé d'en écrire la plus grande
partie; mais la persévérance non interrompue

(1) Ad extrema veniens, celo reddidit spiritum, et
locum quem vivus amaverat exuviarum suarum presentia
voluit ditare (*Off. de saint Victor*, lect. viii).

de la confiance publique est un témoignage digne d'attention et qu'on ne saurait méconnaître.

La tradition a conservé la mémoire d'un événement simple et touchant que l'historien de Victor n'a pas dédaigné d'insérer dans la Légende.

« On assure, dit-il, qu'une petite biche
« blanche venait tous les ans le jour de la fête
« du saint, et que, à son arrivée, les portes
« de l'Eglise s'ouvraient d'elles-mêmes, et les
« cloches sonnaient sans que personne les
« ébranlât. Entrant dans l'église, elle allait
« s'agenouiller devant le saint autel comme
« pour y faire sa prière, et se tenait près du
« tombeau du saint (1). » Ce fait, qui nous paraît aujourd'hui extraordinaire, a beaucoup d'analogues dans les premiers siècles de l'Eglise. Les solitaires étaient souvent visités par les bêtes fauves et les animaux sauvages, qui, loin de leur faire du mal, s'inclinaient devant eux et recherchaient leurs caresses.

(1) *Off. de saint Victor*, lect. ix.

On rapporte encore qu'un voleur s'était introduit pendant la nuit dans l'Eglise pour en dérober les objets précieux. Chargé de son riche butin, il se mit en marche pour sortir, mais ce fut en vain. Il avait beau marcher, il revenait sans cesse sur ses pas, refaisant cent fois le même chemin, tant qu'à la fin, épuisé de fatigue, il s'endormit. On le trouva le lendemain matin nanti des témoignages de son vol sacrilége, et il paya de sa tête le crime qu'il avait tenté de commettre (1).

On ignore l'époque de la mort de Victor. Tout ce que l'on sait, c'est qu'il gouvernait le diocèse du Mans en l'année 530 ou 531, qu'il assistait, en qualité d'Evêque de ce diocèse, aux obsèques de saint Melanius de Rennes, ainsi qu'il vient d'être rapporté. Il quitta son saint ministère peu de temps après, puisque saint Innocentius siégea, comme Evêque du Mans, au 2e concile d'Orléans célébré en l'an-

____

(1) *Hymne de l'off. de saint Victor.* — Templum volens depraedari, etc.

née 533. Ce qu'il vécut de temps avant et après son Episcopat dans le vallon auquel il a donné son nom, il n'en est demeuré aucune trace, et l'on ne peut proposer à ce sujet que des suppositions. Mais il est permis de croire qu'il y fit un long séjour. En effet, à la place même du désert où il s'était établi à son arrivée, on voyait à sa mort un village qui n'avait été d'abord que quelques cabanes éparses, puis s'était grossi par l'agrégation successive d'autres cabanes qui étaient venues, comme les premières, chercher près de la retraite de Victor non-seulement les secours spirituels que le saint répandait abondamment autour de lui, mais encore la protection que le faible ne pouvait espérer de trouver, au milieu des désordres publics, qu'à l'ombre d'une sainte demeure ou d'un nom révéré.

Ce village était devenu ensuite une paroisse, la paroisse de Saint-Victor, du nom du solitaire. Le simple oratoire élevé d'abord sur son tombeau fut remplacé, vers le IXe siècle, par une église qui a subsisté, avec quelques modifications et additions, jusqu'en 1790, et dont quelques restes se voyaient encore il y a peu d'années (1).

Le village qui entourait l'Eglise avait disparu longtemps avant elle et s'était graduellement reporté sur le côteau situé au-dessus du vallon, détruit peu à peu par les invasions de la Loire et par l'abandon des habitants. Tant que le fleuve avait été laissé à sa liberté naturelle, ses visites plus fréquentes avaient été moins redoutables ; mais quand il eut été renfermé entre des digues, chaque fois qu'il est parvenu à les rompre et à se répandre dans la vallée, rien n'a pu résister à sa violence, et c'est ce que nous avons vu plusieurs fois de notre temps.

(1) Des fouilles récentes ont mis à découvert les fondations et le périmètre de cette église. C'était un monument d'architecture romane, à trois absides demi-circulaires, dont les débris ne présentent aucune trace de sculpture, et qui paraît avoir été entièrement construit en moellon. Il occupait l'emplacement actuel du cimetière de la Chaussée Saint-Victor, à l'exception des absides qui étaient en dehors du mur de clôture du côté du levant. Ce mur repose en partie sur le massif de maçonnerie dont il va être parlé, circonstance qui a, assurément, préservé le massif de la destruction qu'à subie le reste de l'Eglise.

Quelques rares bâtiments avaient encore persisté à une époque peu éloignée, mais étaient depuis longtemps abandonnés (1).

Toutefois un reste précieux de l'antique église de Saint-Victor nous a été conservé. On voit encore au milleu de l'hémicyle de l'abside centrale, un massif de maçonnerie élevé à la hauteur de l'ancien dallage, sur lequel, suivant toutes les probabilités que confirment les souvenirs des anciens du pays, était construit le principal autel; et des recherches attentives viennent de faire découvrir dans ce massif, et noyé dans la maçonnerie, un tombeau formé de deux morceaux de pierre tendre, creusés et superposés. Il était vide, il est vrai, sans inscription et sans ornements; mais la place qu'il occupait ne permet pas de douter qu'il n'ait contenu jadis de saintes reliques; et à qui

(1) Quand on creuse le sol, on trouve sous les couches successives de sable déposées par la Loire des fragments de briques, de forme romaine, qui attestent l'antiquité des premières maisons du village, et l'on ne saurait douter que, si les fouilles étaient poussées plus avant, on ne mît à découvert une plus grande quantité de témoignages du passé.

ces reliques ont-elles pu appartenir, si ce n'est
à saint Victor lui-même, le patron du pays,
le créateur du village, qu'on sait avec certitude
être mort et avoir été inhumé dans le vallon
qu'il avait aimé de son vivant, et en l'honneur
de qui a été élevée l'Eglise où se trouve ce
tombeau ? Personne n'ignore, en effet, qu'on
n'inhumait dans la confession sous les autels
que les corps des saints martyrs ou confesseurs,
et que l'autorisation d'élever un autel sur la
sépulture d'un défunt a toujours été pour ce
défunt une déclaration de sainteté (1).

L'absence de reliques dans le tombeau et la
simplicité du tombeau lui-même n'ont rien
dont on doive s'étonner. A une époque qui est
inconnue, les ossements du saint en ont été
enlevés et offerts à la vénération publique ;
l'Eglise actuelle de la Chaussée en possède la
presque totalité ; tout ce qui était susceptible
d'une destruction plus prompte a péri depuis
plus de treize siècles que saint Victor a quitté

(1) Cf. *Baron. Annal. an* 1027, xiii. — *Cang. Gloss.
V. Confess.* 2. — *D. Marten. de Antiq. Eccles. Rit. I,*
112.

cette terre. On peut supposer que le déplace-
ment des ossements a eu lieu lors de la recon-
struction de l'église, au ixe siècle au plus tard,
et que le tombeau seul est demeuré sous l'autel ;
mais ce tombeau n'était déjà plus celui qui
avait d'abord reçu le corps du saint ; il n'a, en
effet, qu'un mètre de long, et paraît avoir remplacé le premier à une époque où le corps
n'avait plus sa forme naturelle. Quant à la
simplicité du tombeau, elle répond à celle du
reste de l'église.

Bien des années se sont écoulées, bien des
révolutions se sont succédé en modifiant pro-
fondément les mœurs de nos pères : bien de
pieuses traditions ont péri depuis que Victor
habitait le vallon de la Loire ; le village et
l'église auxquels il avait donné son nom ont
disparu ; et tandis que le temps détruisait tant
de choses et emportait tant de souvenirs, rien
n'a altéré la confiance universelle dans sa protection et dans l'efficacité de son intervention
auprès de Dieu. Nul autre saint, que je sache,
dans le diocèse, n'est honoré avec plus de
respect, de foi et surtont d'affection. Ce n'est

pas, pourtant, qu'il ait joué un grand rôle dans le monde et rempli l'univers du bruit de son nom : simple ermite de la vallée, il n'a ambitionné que l'ombre et le silence, la retraite et l'oubli ; et c'est cette simplicité même, cette vie d'abnégation et d'humilité qui le rend cher à nos honnêtes et laborieuses populations. Saint Victor n'est point pour elles un de ces saints et illustres étrangers dont la réputation s'est répandue, apportée par la voix souvent incertaine de l'histoire, sans traditions locales et sans souvenirs : c'est un des premiers habitants de la paroisse ; il a vécu sur le sol qu'elles habitent, cultivé les mêmes champs qu'elles fécondent de leurs sueurs ; il a connu, consolé, évangélisé leurs pères. Il est à elles ; il leur appartient ; elles savent qu'il ne peut manquer de les préférer à tous autres, et qu'il leur garde ses premières et plus abondantes faveurs.

Chaque année, au retour de la fête où l'on célèbre la translation de ses reliques, les châsses qui les contiennent sont portées autour de la paroisse, dans une procession solennelle, avec celles d'autres saints dont l'église de la

Chaussée possède des restes (1). Une immense affluence de pélerins, accourus de toutes les paroisses voisines, et même de très-éloignées, viennent apporter aux reliques de saint Victor le tribut de leurs pieux hommages, et lui demander ou les grâces dont ils ont besoin ou la guérison de leurs maux. C'est un touchant spectacle que celui de cette longue file d'hommes et de jeunes garçons de la paroisse, révêtus de costumes des temps anciens, des bouquets de fleurs à la main, et portant dévotement les reliques des saints protecteurs de leurs familles et de leurs champs. Une foule recueillie les suit, et unit ses cantiques à ceux de l'Eglise. Le cortége s'arrête par intervalles, et les pélerins, groupés sur son passage, se jettent à genoux et inclinent leurs têtes, tandis que les châsses,

(1) Saint Victor, de Marseille, martyr ;
Saint Ursin, 1er Evêque de Bourges ;
Saint Blaise, Evêque de Sébaste ;
Saint Jacques-le-majeur, apôtre ;
Saint Nicolas, Evêque de Myre ;
Saint Fronicule ;
Saint Théodule, de Palestine ;
Sainte Corneille, vierge et martyre ;

objet du respect de tous, passent au-dessus d'eux, versant dans les cœurs la confiance et l'amour (1). Chacun se dispute les fleurs qui ont eu la gloire de les toucher (2).

Heureux cent fois les cœurs simples et droits qui ont conservé de tels sentiments dans nos temps d'indifférence et d'intérêt matériel ; qui,

(1) Fidelium multitudines... sub sacris reliquiis in spem cœlestis protectionis transirent. (*Antiq. Benedict. Sant.*, ms. de la *Bibl. Imp.*).

(2) La châsse de saint Victor, selon la forme généralement adoptée au moyen-âge, pour les reliquaires, représente une église. C'est la maison du Seigneur, la maison du repos et de la prière. La châsse est donc plus longue que large ; son toit à pignons aigus est surmonté de son clocher : elle est peinte de couleurs éclatantes rechaussées d'or. Ses quatre côtés sont ornés de sculptures en bois, représentant les traits principaux de la vie du saint. Les grands côtés sont partagés chacun en trois panneaux, encadrés dans un plein cintre, ce qui, avec les panneaux des deux bouts, donne en tout huit panneaux dont voici les sujets : le sculpteur les a entremêlés ; mais nous croyons devoir les indiquer dans l'ordre des faits, pour qu'il soit plus facile d'y retrouver la vie tout entière de saint Victor, dans son ensemble.

N° 1. — Saint Victor est assis dans une chaire de bois, vis-à-vis d'un pupître portant un gros livre ouvert sur lequel on lit ces mots : *Lex tua meditatio mea est*. Le bon saint est chez lui, dans son ermitage : ses traits pleins de la conviction de leur infirmité, ne s'imaginent point que l'homme, en s'appuyant sur sa propre force, peut affronter sans danger les écueils de la vie, et qui croient sincèrement qu'il existe entre eux et Dieu un protecteur vigilant et paternel, qui connaît leurs besoins, détourne de leurs humbles toits les

disent la pieuse attention avec laquelle il médite la loi du Seigneur.

N° 2. — Le miracle du marinier jeté à la Loire par le démon et sauvé par saint Victor. Le bateau est violemment agité par la tempête. Le démon, sous la figure d'un dragon vomissant la foudre, est au-dessus du mât brisé. Saint Victor, à l'air grave, mais toujours bon, adresse la parole du pardon au matelot repentant. Dans le lointain, apparaît saint Victor retirant des flots le matelot submergé.

N° 3. — Les députés du Mans viennent offrir au saint solitaire la mître et la crosse. Il paraît aussi indécis que surpris à la vue de cet honneur et de ce fardeau proposé.

N° 4. — Le départ de saint Victor pour le Mans. Il est sur sa mule près d'une porte de ville, demandant son chemin qu'un passant lui indique, chapeau bas.

N° 5. — Sacre de saint Victor. Il est assis, revêtu des ornements épiscopaux : de chaque côté sont les prélats consécrateurs : son air est triste et résigné.

N° 6. — Saint Victor, de retour à son ermitage. Il est à genoux : ses yeux et ses mains levés vers le ciel témoignent de sa profonde gratitude, de sa joie d'être fléaux de la nature, et porte la prière du plus petit d'entre eux aux pieds du maître de toutes choses, dont la majesté éblouirait leur faiblesse. Heureux aussi les pasteurs qui n'ont pas laissé se perdre cette foi vive et sincère, et qui l'entretiennent et l'augmentent par l'autorité de leur parole et de leur exemple.

rendu à sa chère solitude. La petite biche de la légende est couchée près de lui, et semble, elle aussi, tout heureuse.

N° 7. — Mort de saint Victor. Il est étendu sur sa couche mortuaire, revêtu de la robe des cénobites; il a les mains croisées sur sa poitrine, l'air calme et heureux. Au-dessus de lui, deux anges transportent son âme au ciel.

N° 8. — Funérailles de saint Victor. Les clercs entourent sa couche; ils portent la croix, le vase d'eau bénite, l'aspersoir. L'un d'eux pose sa main sur le cœur du saint, pour bien s'assurer qu'il ne bat plus, tant son visage souriant pourrait encore faire croire à la vie.

Ces sculptures, grossières sous le rapport de la forme, sont néanmoins pleines de vie et d'expression, et témoignent de l'âme croyante et naïve de l'artiste inconnu qui les composa. Le toit de la châsse est orné d'entrelacs formant le chiffre de saint Victor (*Note donnée par M. l'abbé Pally, curé de la Chaussée*).

Six de ces sujets viennent d'être reproduits avec un rare bonheur et une charmante naïveté par M. Yvonnet, dans les vitraux qui éclairent l'abside récemment ajoutée à l'Eglise de la Chaussée.

Blois. — Imprimerie H. GIRAUD, rue Pierre-de-Blois, 14.